Er betet

JODOCUS DONATUS HUBERTUS TEMME

Veröffentlicht in 1859

TABLE OF CONTENTS

DER RICHTER

In dem Sitzungssaale des Gerichtshofes herrschte eine tiefe Stille. Der Gerichtshof war als Criminalgericht der zweiten und letzten Instanz versammelt. Er hatte über eine Capitalsache zu Recht zu sprechen. Die beiden vorschriftsmäßigen Relationen waren verlesen. Beide Referenten hatten das Todesurtheil beantragt. Ob auf den Tod erkannt werden solle, hatte der Gerichtshof zu entscheiden.

Ein Urtheil über Leben und Tod ist wohl geeignet, eine feierliche Stille hervorzurufen. Der Unbetheiligte schon horcht ihr mit Spannung entgegen, und es schweigen alle anderen Gedanken und Gefühle, es schweigen selbst die Leidenschaften in ihm unter dem einen brennenden Gefühle der Erwartung. Wie ist es erst dem Richter, der über das Leben, über den Tod seines Nebenmenschen die Entscheidung fällen soll, wie ist es erst ihm ein Bedürfniß, sich zu sammeln, alle anderen Gedanken, alle anderen Gefühle in seinem Innern verstummen zu lassen, um mit klarem Kopfe, aber auch mit warmem, menschlichem Herzen sich prüfen und dann urtheilen zu können, was das Gesetz, was das Recht von ihm fordert, unabweislich von ihm fordert!

Wie war das Alles in erhöhtem Grade so, in dem Falle, über welchen der Gerichtshof zu Gerichte saß! Sein Urtheil war das letzte in der Sache. Von ihm fand keine Berufung, kein Rechtsmittel weiter statt. War es ein Todesurtheil, so war auch im Wege der Gnade keine Aenderung, keine Milderung zu erwarten. Der Regent des Landes huldigte einer streng religiösen Richtung, jener Richtung, die ausspricht: „Wer Menschenblut vergießt, dessen Blut soll wieder vergossen werden. Der Regent, der dem durch den schwächlichen Act, den man Gnade nennt, wehren wollte, ladet die Blutschuld auf sein Haupt." Er hatte noch nie ein von den Gerichten des Landes erlassenes Todesurtheil gemildert. Wurde in dem vorliegenden Falle ein Todesurtheil ausgesprochen, keine Macht der Erde – das war vorauszusehen – hätte den Monarchen zu einer Begnadigung bewegen können.

Es lag ein Vatermord vor.

Und doch, wie eigenthümlich waren die Umstände des Verbrechens! Besonders für die Angeklagte, um deren Todesurtheil allein es sich noch handelte! Ein früher wohlhabender Bauer war dem Trunke ergeben gewesen. Er hatte dadurch sein Vermögen zu Grunde gerichtet und in der Betrunkenheit seine Frau und seine Kinder gemißhandelt. Die Frau hatte hintereinander fünf Kinder todt geboren. Der Tod der Kinder war die Folge der unbarmherzigen, der entsetzlichen Mißhandlungen, die sie von ihrem Manne erlitten hatte.

Sie war freilich ein rohes Weib. Die fortwährend barbarische Behandlung machte sie tückisch. Sie faßte einen unauslöschlichen Haß gegen ihren Mann, eine unwiderstehliche Begierde, sich von ihm zu befreien. Der Gedanke, den Mann zu ermorden, wich bald nicht mehr aus ihrer Seele; der Mordplan reifte in ihr. Sie traf mit einer listigen, heimtückischen und beharrlich zähen Bosheit, wie man sie in den Verbrecher-Annalen selten findet, die Vorbereitungen zur Ausführung.

Ihre älteste Tochter war mit im Hause; sie war ein Mädchen von neunzehn Jahren, schön, von beschränktem Verstande, völlig ungebildet, selbst von dem gewöhnlichen Religionsunterrichte fern gehalten, unter dem Eindrucke des ewigen Unfriedens im Hause, der Scenen der Rohheit und Gemeinheit zwischen ihren Eltern, der barbarischen Mißhandlungen, die ihre Mutter von dem Trunkenbolde zu erleiden hatte und die sich nicht selten auch auf sie mit erstreckten, unter solchen Eindrücken stumpf und gefühllos geblieben. Dieses Mädchen, die eigene Tochter, sollte dem Weibe zum Werkzeuge für den Mord ihres Mannes dienen.

Sie lockte einen jungen Mann von einundzwanzig Jahren, einen Wagnergesellen aus dem Dorfe, in ihr Haus, einen unerfahrenen, aber leichtsinnigen Menschen. Sie hatte kaum nöthig, ihn anzuregen, ihm Gelegenheit zu verschaffen, daß er eine heftige Leidenschaft für ihre Tochter faßte. In dem Herzen des Mädchens wußte sie eine nicht minder leidenschaftliche Neigung zu dem hübschen jungen Manne anzufachen. Dann riß sie die beiden jungen Leute auseinander. Dann brachte sie sie wieder zusammen, zeigte sich ihrer gegenseitigen Liebe geneigt und stellte ihnen ihre Verbindung in Aussicht, die aber, da auch der junge Mensch arm sei, nicht eher erfolgen könne, als bis ihr Mann nicht mehr am Leben wäre.

„Ist der erst todt, so trete ich Euch die Hälfte des Hauses und des Gutes ab," sagte sie.

So hatte sie ihre Leidenschaft auf das Höchste gesteigert; so hatte sie als einziges Hinderniß der Befriedigung aller Wünsche der jungen Leute ihren Mann, als den Augenblick der Verbindung, des Glückes jener den Augenblick seines Todes ihnen gezeigt. Und der Bursch war leichtsinnig und das Mädchen ohne anderes Gefühl, als die Liebe zu dem jungen Menschen, welche die eigene Mutter zu einer wilden Begierde aufzustacheln und zu steigern gewußt hatte. Und der stets betrunkene, seine Familie stündlich mißhandelnde, den Wohlstand des Hauses täglich mehr und mehr zerrüttende Vater war längst ein Gegenstand der Verachtung Beider gewesen.

Das Weib durfte zu dem leichtsinnigen Burschen von Mord sprechen. Er schauderte anfangs zurück, hörte aber bald ruhig zu.

„Ich nehme Alles auf mich, und Du bekommst die Marianne," sagte sie zu ihm.

Er sagte halb und halb zu.

Sie hatte ihn ganz für sich gewonnen und schritt nun zur Ausführung ihres Planes.

Ihr Mann fuhr jede Woche eine Karre Sand nach einer benachbarten kleinen Stadt. Die Tochter mußte ihn begleiten. Auf einer dieser Fahrten sollte der Mord verübt werden. Sie vertheilte die Rollen zu dem grauenvollen Acte. Den Liebhaber ihrer Tochter weihte sie vollständig, mit nackten Worten ein. Er sollte mit ihr gemeinschaftlich unmittelbar die That ausführen. Die Tochter sollte nur ahnen, auch nicht einmal den Mord, nur ein Geheimniß, über das sie nicht weiter nachdachte oder dessen Folgen sie nicht weiter verfolgte. Sie sollte auch nur das Opfer überliefern.

„Du führst den Vater, wenn Ihr den Sand verkauft habt, in die Schenke. Du läßt ihn dort mehr Schnaps trinken, als sonst."

„Warum, Mutter?"

„Damit er betrunken wird."

„Und warum soll er betrunken werden?"

Die Mutter antwortete auf die Frage nicht, aber sie fuhr fort:

„Du hältst ihn in der Schenke hin, bis es Abend ist. Wenn es dunkel geworden ist, macht Ihr Euch auf den Rückweg."

„Warum so spät, Mutter?"

„Ihr nehmt den gewöhnlichen Weg nach Hause zurück. Aber wenn Ihr oberhalb des Neuhäuser Weihers kommt, wo der Fuß- und Fahrweg auseinander gehen, dann sagst Du zu ihm, er solle den Fußweg nehmen, Du wollest in dem Fahrwege schon allein weiter fahren. Du fährst dann allein nach Hause."

„Aber warum das Alles, Mutter?"

„Thue, was Dir befohlen wird."

„Aber, wenn er nun nicht will?"

„Er wird schon wollen, denn der Fußweg ist näher. Und wenn Du ihn in der Stadt recht ordentlich betrunken gemacht hast, so wird er Dir gar nicht widersprechen."

„Ich begreife nur nicht, Mutter, was Du mit dem Allem willst?"

„Du wirst es nachher erfahren. Denke, daß es das einzige Mittel für Dich ist, bald Deinen Bräutigam zu heirathen."

„Ich verstehe auch das nicht, Mutter."

„Ist der Vater weg, so kann ich Euch in das Haus nehmen, früher nicht."

Das Mädchen fragte jetzt nicht mehr. Sie mochte jetzt doch wohl mehr, als ein unergründliches Geheimniß, ahnen. Ihr Liebhaber redete ihr in derselben Weise zu.

„Wenn Du Alles thust, was Dir Deine Mutter gesagt hat, so sind wir in kurzer Frist Mann und Frau. Der Alte allein steht uns, im Wege."

„Aber was wollt Ihr mit ihm?"

„Laß Du uns sorgen, Deine Mutter und mich. Du sollst ja nicht dabei sein."

„Wobei soll ich nicht sein?"

„Frage nicht mehr. Dein Vater allein steht uns im Wege."

Sie fragte auch ihn nicht mehr. Sie hatte jetzt gewiß mehr, als bloße Ahnung. Aber wer kann das wissen, bei dem an Geist und Herz gleich ungebildeten, an Nachdenken nicht gewöhnten Mädchen? Der Plan der Mutter wurde ausgeführt; doch nicht ganz so, wie sie ihn sich ausgedacht hatte. Ihre Tochter sollte keinen unmittelbaren Antheil an der Ausführung des Mordes nehmen. Das kam doch anders.

Vater und Tochter fuhren mit dem Sande in die Stadt und verkauften ihn. Nach dem Verkaufe gingen beide in die Schenke. Die Tochter hatte auch früher den Vater jedes Mal dahin begleiten müssen. Der Vater berauschte sich dort, wie gewöhnlich. Aber anstatt daß die Tochter ihn sonst zum Aufbruche antrieb, und von mehrerem Trinken abzuhalten suchte, war sie es jetzt, die ihm noch Schnaps kommen ließ und ihn dadurch zu längerem Bleiben veranlaßte.

Der Vater wurde betrunkener, als sonst. Als die Tochter meinte, daß es genug sei, brach sie mit ihm auf.

Als sie die Wegesscheide oberhalb des Neuhäuser Teiches erreicht hatten, sagte sie zu ihm:

„Vater, ich will schon allein weiter fahren. Ihr könnt den näheren und bequemeren Fußweg nehmen."

„Wenn Du meinst," sagte der Vater, und er nahm den Fußweg.

Sie fuhr in dem Fahrwege weiter. Die Mutter hatte ihr gesagt, sie solle ohne Aufenthalt nach Hause fahren; das konnte sie jedoch nicht. Als sie die Höhe des Fahrweges gerade gegenüber dem untenliegenden Neuhäuser Teiche erreicht hatte, hielt sie an; sie mußte wissen, was da unten im Wege passiren werde. Sie hielt an, bis sie von dem Teiche her einen Schrei hörte. Dann lief sie in geradester Richtung durch das Gehölz nach dem Teiche.

An dem Teiche hatte sich Folgendes zugetragen:

Der Vater hatte den Fußweg genommen, der an dem Teiche vorüberführte.

Als er den Rand des Teiches erreicht hatte, waren hinter Bäumen seine Frau und der Liebhaber seiner Tochter hervorgesprungen und hatten den Betrunkenen in das Wasser geworfen. Am anderen Tage wollten sie sagen, er sei in seiner Betrunkenheit in das Wasser gefallen. In seiner Todesangst hatte der Ueberfallene laut um Hülfe gerufen. Den Ruf hatte die Tochter gehört. Als sie am Teiche ankam, lag ihr Vater schon im Wasser. In demselben Augenblicke arbeitete er sich zwar, nahe am Ufer, wieder hervor. Aber die Frau hatte es gesehen und ihn wieder zurückgestoßen. Dabei hatte auf ihren Befehl die Tochter sie von hinten halten müssen.

Die unnatürliche Mordthat war vollbracht. Aber sie kam heraus. Mutter und Tochter gestanden die erzählten Thatsachen ein. Der Liebhaber der Tochter leugnete Alles. Aber er erhängte sich im Gefängnisse. Die Mutter starb noch vor der Erlassung des Urtheils am Nervenfieber. Das Urtheil war nur noch allein gegen die Tochter zu fällen. Die beiden Referenten hatten gegen sie ein Todesurtheil beantragt. Sie sollte wegen Vatermordes mittelst des Rades von unten herauf vom Leben zum Tode gebracht werden. Beide Referenten hatten ausgeführt, auch die Inquisitin habe, als ihre Mutter ihr ihre Rolle zugetheilt und sie diese übernommen habe, nicht darüber in Zweifel sein können, daß es sich um die Ermordung ihres Vaters handele. Sie sei also Theilnehmerin an dem vorhandenen Complott; nach der Lehre vom Complott aber sei jeder vorhandene Complottant für das verübte Verbrechen als Miturheber zu behandeln, folglich mit der vollen, ordentlichen Strafe des Verbrechens zu belegen. Dies sei um so unbedenklicher, als sie durch das Festhalten ihrer Mutter zugleich bei der That unmittelbar Hülfe geleistet habe.

Der erste Referent, ein junger Mann, der daher auch in der neueren deutschen Criminalrechtswissenschaft bewandert war, führte zugleich „eventuell" aus, daß „bestenfalls" ein „eventueller Dolus" vorliege. Habe nämlich die Inquisitin auch nicht die bestimmte Absicht gehabt, zu der Ermordung ihres Vaters mitzuwirken, so müsse sie sich doch nothwendig bewußt gewesen sein, daß ihr Thun zu einer von den Anderen verabredeten Ermordung ihres Vaters mitwirken könne, und indem sie trotzdem so gehandelt, habe sie nothwendig in das Herbeiführen des Todes eingewilligt. Eine solche eventuelle, unbestimmte Absicht stehe aber nach den Grundsätzen der deutschen Rechtswissenschaft der bestimmten Absicht zu tödten völlig gleich.

Das waren die Ausführungen der beiden Referenten. Ihre Vorträge waren verlesen. Der Präsident forderte die übrigen Mitglieder des Gerichtshofes auf, ihre Meinung abzugeben.

Der Gerichtshof bestand mit Einschluß des Präsidenten aus sieben Mitgliedern.

Es entschied Stimmenmehrheit. Sprachen also, mit den beiden Referenten, noch zwei Richter für das Todesurtheil sich aus, so war dieses beschlossen.

Sprach sich nur noch Einer dafür aus, standen mithin die Stimmen der Mitglieder gleich, so gab die Stimme des Präsidenten den Ausschlag.

Der Präsident war ein humaner, wohlwollender, würdiger Mann. Er war grundsätzlich gegen die Todesstrafe. Er unterwarf dem Willen des Gesetzes, das sie noch befahl, sich nur dann, wenn seine Ueberzeugung ihn unabweisbar nöthigte, die That unter das Todesgesetz zu bringen.

Die anderen Mitglieder des Gerichts?

Von den beiden Referenten war der zweite der zweitälteste Rath des Collegiums. Er war ein braver, redlicher, selbst ebenfalls wohlwollender Mann. Aber er hatte die strengsten biblisch-religiösen Ansichten. Und zu diesen gehörte jener Satz: Wer Menschblut vergießet, dessen Blut soll wieder vergossen werden. Hier hatte gar ein Kind das Blut des eigenen Vaters vergossen. Er hatte nach seiner innersten Ueberzeugung den Tod beantragt. Er hatte nicht anders gekonnt.

Der gerade Gegensatz von ihm war der erste Referent. Er war der zweitjüngste Rath des Gerichtshofes und war, was man sagt, ein feiner Kopf, er glänzte mit seinen gelehrten Kenntnissen. Er war von Adel, wollte befördert werden, und eine glänzende Carriere machen. Er kannte die Bedeutung jenes biblischen Satzes für den Regenten des Landes. Diesem mußte das Todesurtheil mit den Originalrelationen zur Bestätigung vorgelegt werden. Er hatte den Tod beantragt.

Von den übrigen Richtern war der jüngste ein junger Assessor, der gleichfalls seine Carriere machen wollte. Er hatte im Collegium noch nie eine andere Meinung ausgesprochen, als die des Rathes, der eine glänzende Carriere vor sich hatte und, nachdem er selbst befördert war, auch Andere befördern konnte. Er hatte dessen Ansicht nur mit neuen Gründen unterstützt, wodurch die bereits vorgetragenen Gründe in ein um so helleres Licht treten mußten.

Dann kamen zwei Räthe, von denen der Eine ein eben so klarer, scharfsinniger Kopf, wie ein warmes edles Herz, der Andere aber eine indolente und schon deshalb stets für das Mildeste gestimmte Natur war.

Es war noch der älteste Rath da. Von ihm muß ich näher sprechen. Das Schicksal der Inquisitin hing von ihm ab.

Er hieß Rohner und war ein eigenthümlicher Mensch. Schon sein Aeußeres zeigte das. Seine Gestalt war groß, breitschulterig, knorrig. Sein Gesicht war breit, starkknochig, eckig. Die Nase war stark gebogen, die Lippen fest zusammengekniffen, die Augen klein, pechschwarz; unter den langen, buschigen, dunklen, schon etwas grau gefärbten Brauen leuchteten sie in einem stillen, aber desto unheimlicheren Feuer. Wehe, wenn das Feuer zur wilden Flamme aufloderte! Er war in der Mitte der fünfziger Jahre. Er machte den Eindruck eines scharfen, überlegten Geistes, aber eines harten Herzens, in dem die Härte zur Leidenschaft geworden ist. So war er auch. Seiner Dialektik konnte Niemand im Collegium widerstehen. Seine Härte fürchtete selbst jener biblisch strenge Rath. Die Welt nannte ihn boshaft. Daß er an keinen Gott, an kein anderes Leben glaube, daraus machte er selbst kein Hehl.

„Er hat noch nie gebetet!" sagten die Leute von ihm.

Er selbst widersprach nicht.

Aber sein Leben und sein Charakter waren unantastbar rein, und wenn er auch ein strenger, selbst harter Richter war, er war der Ueberzeugung, daß das Gesetz, das Recht es so von ihm fordere, und wie seine Ueberzeugung unerschütterlich fest war, so handelte er auch unerschütterlich fest nach ihr. In seinem Lande garantirte das Gesetz die Unabhängigkeit der Richter. Sie konnten nur durch Urteil und Recht wegen strafbarer Handlungen ihres Amtes entsetzt werden. Der Monarch achtete das Gesetz. Sonst hätte eine frömmelnde Partei im Lande sich längst seiner zu entledigen gewußt.

Das waren die Richter, die über Tod und Leben der Inquisitin sich schon ausgesprochen hatten, und sich noch aussprechen sollten.

„Meine Herren," sagte der würdige Präsident, „meine Stellung verbietet mir, auf Ihr Urtheil irgend einwirken zu wollen. Aber mein Gewissen fordert von mir, Ihnen eine dringende Bitte an das Herz zu legen. Bevor Sie Ihr letztes Votum abgeben, wollen Sie zwei Umstände wohl und reiflich überlegen. Von der einen Seite suchen Sie sich völlig klar zu machen, ob denn die Inquisitin wirklich zu der Ermordung ihres Vaters hat mitwirken wollen; denn nur bei diesem Willen kann sie Complottantin sein. Müssen Sie nach Ihren, besten Gewissen diese Frage bejahen, neigen Sie dann auch der bestrittenen – ich bitte wohl zu beachten, meine Herren – der bestrittenen, zweifelhaften, strengeren Ansicht sich zu, daß jeder Complottant beim Morde, als solcher, mit dem Tode bestraft werden müsse: dann wollen Sie prüfen, ob wir es nicht hier mit einem unglücklichen, verwahrlosten und verführten jugendlichen Geschöpf zu thun haben, dem so viele Milderungsgründe zur Seite stehen, daß die Ausschließung der Todesstrafe gesetzlich gerechtfertigt, also nothwendig erscheinen dürfte."

Es wurde von unten auf gestimmt. Die Autorität des Aelteren soll dem Jüngeren nicht imponiren, ist die Absicht des Gesetzes dabei.

Der Assessor stimmte zuerst. Er trat in einem glänzenden, einstudirten Vortrage den beiden Referenten bei. Für die Ausführung des ersten Referenten über den eventuellen Dolus und die gleiche Bestrafung aller Complottanten konnte er noch eine Menge Aussprüche der neuesten deutschen Criminalisten beibringen. Er freute sich, in solcher Weise der Ansicht der beiden Herren Referenten, besonders des ersten, nur beitreten zu können.

Er freute sich!

Der Rath, der auf ihn folgte, widerlegte ihn und die beiden Referenten. Er widerlegte sie schlagend.

11

„Der eventuelle Dolus ist ein logisches Unding. Der Mensch kann etwas nur bestimmt oder gar nicht wollen. Er kann auch nur das wollen, von dem er eine Kenntniß hat. In dem vorliegenden Falle ist mit nichts bewiesen, daß die Inquisitin Kenntniß von dem Mordplane ihrer Mutter und ihres Liebhabers hatte. Man kann nur Vermuthungen darüber aufstellen. Diese zur Gewißheit zu erheben, verbietet das Gesetz, und ist gewissenlos. Die Inquisitin kann hiernach nicht Complottantin sein.

„Wäre sie aber auch als solche zu betrachten, so kann nur eine verknöcherte Gelehrtentheorie, die von den Erfahrungen des Lebens nichts weiß, die sämmtlichen Complottanten mit der nämlichen Strafe, beim Morde mit der Todesstrafe, belegen wollen. Der gerechte Richter bestraft Jeden nur nach dem, was er gewollt und gethan hat, und niemals Jemanden, der nur eine entfernte Hülfe zum Morde geleistet hat, mit dem Tode.

„Wäre aber auch dem nicht so, wir haben hier ein armes, schwaches, kaum neunzehn Jahre altes Mädchen vor uns, das durch höllische Künste der eignen Mutter ein volles Jahr lang planmäßig verführt worden ist, und im letzten Momente noch durch Zufall und Ueberraschung einem moralischen Zwange unterworfen wurde. Wenn Jugend, Unerfahrenheit und Verführung je als gesetzliche Milderungsgründe gelten müssen, so ist es hier der Fall. Ich stimme gegen die Todesstrafe."

Der träge und milde Rath hatte sein Votum abzugeben. Er trat lediglich seinem Herrn Vorgänger bei, und sprach sich aus den von diesem entwickelten Gründen gleichfalls gegen die Todesstrafe aus.

Drei Stimmen waren für, zwei waren gegen die Todesstrafe da.

Der Rath Rohner hatte zu stimmen. Es kam Alles auf sein Votum an. Stimmte er gegen den Tod, so standen die Stimmen der sechs Mitglieder gleich, und der Präsident hatte den Ausschlag zu geben, Niemand aber zweifelte, daß dieser gegen ein Todesurtheil sich aussprechen werde.

Stimmte der Rath Rohner dagegen für die Todesstrafe, so waren für diese vier Stimmen gegen zwei da, auf das Votum des Präsidenten kam es nicht weiter an, das Todesurtheil stand fest.

Aller Blicke waren auf den Rath Rohner gerichtet.

Im Saale herrschte wieder die tiefe, feierliche Stille der gespannten Erwartung. Jeder kannte die Strenge, die Härte des Mannes, in dessen Händen jetzt ein Menschenleben lag. Jeder fürchtete diese Strenge, diese Härte.

Auch heute. Ja, auch heute. Zur Ehre der Menschlichkeit sei es gesagt.

Der fromme Rath war in seinem Gewissen beruhigt, da er für den Tod sich ausgesprochen hatte. Der ehrgeizige Rath wußte, daß seine Relation unter allen Umständen dem Landesherrn zu Gesicht kommen werde. Der Assessor hatte seinem Gönner feinen Weihrauch gestreut.

Ein Gewissen hat jeder Mensch, wenn es ihm auch noch so tief in der Brust verborgen ist. Und wenn der Mensch über ein Menschenleben zu Gericht sitzen soll, dann wird auch der leiseste Laut dieses Gewissens für ihn zu einer mahnenden Donnerstimme. Er ist ein strenger, harter Mann. Aber es handelt sich um ein so junges Leben, um ein verführtes Herz, um Spitzfindigkeiten und Künsteleien einer tobten Schultheorie. Sollte er nicht heute einmal der mildern Ansicht Raum geben?

So sahen Alle auf ihn, in fast ängstlich lauschender Spannung. Und er saß mit seiner breiten, eckigen Gestalt, seinem starken, knorrigen Gesichte, den fest zusammengepreßten Lippen, so kalt, so unbeweglich da. Von seinen Augen konnte man nichts sehen; die tief herabgezogenen, buschigen, grauen Augenbrauen verbargen sie völlig.

Er saß so unheimlich, so grauenvoll da. Konnte wirklich ein anderer, als ein unheimlicher, grauenvoller Urteilsspruch von dem Manne kommen? Er öffnete den Mund. Er sprach nur wenige Worte.

„Ich stimme für den Tod."

Er sprach die Worte kalt. Dann sah er sich im Saale um. Er sah alle seine Collegen an. Man sah seine Augen, sie blickten Einen der Anwesenden nach dem Andern herausfordernd an.

Es mochte Manchen wohl kalt überlaufen bei dem kalten, herausfordernden, höhnisch herausfordernden Blick.

„Ihre Gründe?" fragte ihn der Präsident.

Nach dem Gesetze muß jeder Richter sein Votum mit Gründen abgeben.

Er brachte seine Gründe vor, eben so kalt und herausfordernd.

„Ich gebe nichts auf alle jene abstracten Theorien. Sie sind entweder für das Recht verderblich, wie die vom Complott, oder sie sind geradezu lächerlich, wie die von dem eventuellen Dolus. Ich halte mich an das Recht, das aus jedem einzelnen Falle mir hervortritt, und prüfe, ob und welche Strafe danach ein Jeder verdient hat. Nur so allein ist das Recht und das Rechte zu treffen. Auch in diesem Falle. Es liegt ein Mord vor. Er ist von Mehreren verübt. Die eigene Tochter hat mitgewirkt. Für sie liegt ein Vatermord vor. Mitgewirkt hat die Inquisitin: gerade ohne sie wäre der Ermordete seinen Henkern nicht überliefert worden. Sie hat wissentlich mitgewirkt. Oder meinen Sie, ein Mädchen von neunzehn Jahren, dem man ein ganzes Jahr lang unablässig vorgesagt hat: nur dein Vater, der rohe, gemeine, ewige Trunkenbold steht deiner Verbindung, deinem Glücke entgegen, sein Tod macht dich frei, glücklich; das man dann auffordert, diesen Vater nächtlicher Weile in einen einsamen, gefährlichen Hinterhalt zu locken; das zuerst angelegentlich mehrere Male fragt, warum sie ihn dahin locken solle; dem man dann geradehin sagt: er muß weg, wenn er weg ist, kannst du heirathen; das nun nicht mehr fragt, sondern thut, was man von ihr verlangt hat, das dann noch, als sie den Vater mit dem Tode kämpfen sieht, ihre Mutter unterstützt, damit diese ihm den letzten Todesstoß geben kann — meinen Sie, meine Herren, daß eine solche Person nicht gewußt habe, um was es sich handelt, daß ihr Vater weggeschafft, gemordet werden solle? Sie selbst, meine Herren, die Sie zu Gunsten der Verbrecherin sprechen, nennen sie eine Verführte; wozu wäre sie denn nach Ihrer Meinung verführt, wenn nicht zu einer wissentlichen Theilnahme an dem Morde? Die Vatermörderin ist für mich da. Sie hat den Tod verdient. Nichts in der Welt kann meine Ueberzeugung hierüber erschüttern. Man will noch Milderungsgründe für sie auffinden. Ihre Jugend, ihre Gefühllosigkeit, jene Verführung sollen ihr Verbrechen mildern. Ihre Jugend, ihre Gefühllosigkeit? Es ist für mich jedesmal beschämend, solche Gründe in einem Gerichtssaale hören zu müssen. Gerade das jugendliche Gemüth soll für Tugend, Sitte und Recht am empfänglichsten sein, und wenn Sie, meine Herren, das nicht anerkennen, wenn Sie hier durch Milde die Untugend, das Laster, das Verbrechen privilegiren, prämiiren, erziehen Sie dann nicht die Jugend zu Lastern und Verbrechen? Und gar die Gefühllosigkeit, die Rohheit wollen Sie privilegiren und Prämiiren? Bedenken Sie dann nicht, daß Sie den Mörder, der vorher kalt und gefühllos sein Opfer mißhandelt, deshalb, gerade deshalb gelinder bestrafen müßten, als wenn er sich keine Mißhandlungen hätte zu Schulden kommen lassen? Ei, meine Herren, die Sie hier die Todesstrafe ausschließen wollen, künftig braucht ein Mörder nur recht roh, grausam und unmenschlich zu handeln, um vor Ihrem Richterstuhle sein Leben zu retten. Sie haben auch von Verführung gesprochen. Die Liebe zu dem jungen Menschen, der ihr Mitverbrecher wurde, diese durch die eigene Mutter absichtlich in ihr erregte und zu jener treibenden Gewalt gesteigerte Leidenschaft soll mildernd für die Inquisitin sprechen! Meine Herren, mit solchen Argumenten will man jetzt das Recht üben? Wenn die gemeine sinnliche Liebe in einem Kindesherzen die heilige Kindesliebe unterdrückt, verleugnet, vernichtet, daß das Kind den Vater mordet, dann wollen Sie darin Entschuldigung finden, und recht milde, gnädige Richter sein, den Mord nicht mehr als Mord gelten lassen? Den Vatermord? Wohlan, meine Herren, sprechen Sie das aus, wagen Sie, das auszusprechen, und Sie haben mit Einem Male alle Bande der Familie, der Eltern-, der Kindes-, der Gattenliebe zerrissen, und die gemeine sinnliche Liebe auf den Thron gestellt. – Sie haben meine Gründe."

Er schwieg. Er hatte zuletzt mit erhöhter Stimme, mit unwillkürlicher, lebhafter Bewegung gesprochen. Er saß wieder unbeweglich da, mit fest zusammengepreßten Lippen. Ueber seine Augen zogen die Brauen sich wieder tief hinunter.

Seine Logik war eine eigenthümliche. Er berief sich auf seine Ueberzeugung, also auf etwas rein Innerliches. Er ließ Thatsachen sprechen, und zwar so, wie er sie combinirte. Er stellte Parallelen auf, in denen das Aehnliche unwiderleglich erschien, die lähmende, abweichende Sehne aber tief verborgen lag. Dazu die Dialektik des Hohnes. Man konnte ihm nicht auf der Stelle opponiren.

Der Präsident hatte das Recht, noch eine Debatte zu eröffnen. Jeder konnte darin noch seine Meinung ändern. Er eröffnete sie. Aber er mußte im ersten Augenblicke selber das Wort ergreifen, und er konnte nur mit Argumenten des Gefühls kämpfen.

„Meine Herren," sagte er, „ich habe es für meine Pflicht gehalten, die Inquisitin vor unserer heutigen Sitzung im Gefängnisse zu besuchen. Ich glaubte, dadurch, daß ich sie persönlich sähe und hörte, am sichersten mein Urtheil über ihre Strafwürdigkeit befestigen zu können. Ich wünschte, auch Sie hätten die Unglückliche kennen gelernt."

„Den Grundsätzen des Inquisitionsprocesses wäre das entgegen gewesen," bemerkte der Rath, der mit der neueren Wissenschaft vertraut war und Präsident werden wollte.

„Aber unser Gesetz verbietet es nicht," versetzte der Präsident. „Ich habe in der That eine Unglückliche," fuhr er fort, „eine bedauernswerthe Unglückliche kennen gelernt. Ein würdiger Prediger hat während der Haft die schlummernden Vorstellungen der Verwahrlosten über Gott, Religion, Recht und Sittlichkeit geweckt und lebendig gemacht. Erst jetzt erkennt sie, was sie gethan hat; erst jetzt hat sie es erkennen können. Sie verabscheut ihre That; sie würde von nun ab nie ihrer fähig sein. Die Grundsätze der Religion, der Tugend sind in ihr erwacht und befestigt mit einer Kraft, daß nur sie fortan die Richtschnur für ihr Leben bilden können. Und wir sollten es nun für unsere Pflicht, für Recht halten müssen, der Armen das Leben abzusprechen? Ich bitte Sie noch einmal, meine Herren, prüfen Sie wohl Ihr Gewissen!"

Der Rath Rohner erwiderte dem Präsidenten nichts. Seine Lippen zuckten mir höhnisch, als er die Worte Gott und Religion vernahm. Der fromme Rath nahm das Wort.

„Die Gründe des Herrn Präsidenten sind gegen die Todesstrafe überhaupt gerichtet. Ueber sie sitzen wir hier nicht zu Gerichte."

„Meine Gründe sollten den einzelnen Fall treffen," entgegnete der Präsident. „Auch wenn ich kein Gegner der Todesstrafe wäre, würde ich fürchten, in diesem Falle durch ein Todesurtheil eine Blutschuld auf mich zu laden, von der ich einst vor dem höchsten Richter Rechenschaft ablegen müßte."

Der Rath Rohner konnte eine Bemerkung nicht unterdrücken.

„Ich kenne keinen höheren Richter, als das Gesetz und mein Gewissen."

„Das Gewissen ist eben die Stimme des höheren, des göttlichen Richters, die in uns laut wird," sagte der würdige Präsident.

„Des göttlichen Richters?" fuhr der Rath auf. „Und nach welchen Gesetzen sollte der richten?"

„Nach denen des ewigen göttlichen Rechts."

„Von denen also unsere menschlichen Gesetze abweichen?"

„Wie oft nur zu sehr!"

„Das wollte ich hören. Ich habe es freilich schon oft genug hören müssen:

Gott, göttliches Recht, ewige Vergeltung! Ei, meine Herren, wenn Sie von diesen sublimen Dingen sprechen, wenn Sie darnach als Richter entscheiden wollen, so müssen Sie sie doch vor Allem kennen, und eben so gut und genau kennen, und noch genauer, als unsere menschlichen Gesetze. Und woher kennen Sie denn solche göttliche Gesetze, wenn ich fragen darf? Und wenn Sie sie kennen, warum begeben Sie sich dann nicht lieber heute als morgen zu unserm Monarchen und eröffnen ihm: Wir haben Gott gehört und er hat uns seine Gesetze offenbart, und dagegen sind die Gesetze, die Du uns gegeben hast, nichts als himmelschreiendes Unrecht, und Deine Regierung ist nichts als ein erbärmliches, sündhaftes Erdenregiment, und daher fort mit Deinen Gesetzen und Deinem Regimente und Dir selbst! – Und von Blutschuld höre ich sprechen! Darauf habe ich nur ein Wort: Wohlan, ich nehme sie auf mich!"

„Auch in Ihrer letzten Stunde?" rief der Präsident.

Der Rath Rohner sah ihn verwundert an.

„Meine letzte Stunde ist eben meine letzte Stunde."

„Sie treten vor Gott, mein Herr!"

Der Präsident sprach es wohl eifriger, als die steife amtliche Stellung es mit sich gebracht hätte.

Der Rath Rohner antwortete nur mit einem Hohne, der um seine Mundwinkel lächelte. Selbst der Rath, der eine glänzende Carriere machen wollte, konnte ihn ohne ein inneres Grauen nicht ansehen.

„Er hat noch nie gebetet!" flüsterte der fromme Rath seinem Nachbar zu, und dieser fromme Rath war wahrhaftig ein braver Mensch.

Dem Rath Rohner war seine Ueberzeugung nicht zu nehmen. Auch dem frommen Rath nicht. Die beiden andern Vertreter für die Todesstrafe hatten vielleicht eben keine Ueberzeugung gehabt.

Das Todesurtheil blieb beschlossen. Das neunzehnjährige Mädchen sollte als Vatermörderin gerädert werden. Die Richter verließen doch den Gerichtssaal gebeugten Hauptes. Nur der Rath Rohner trug das Haupt hoch, stolz, fest, hart. –

Meine geneigten Leserinnen – ich wende mich nur an die von Ihnen, denen bei Hellem Geiste in der Brust ein für das Gute warmes Herz schlägt, Sie sind dann auch meine schönen Leserinnen –

Meine schönen geneigten Leserinnen, sollten Sie beim Lesen dieses Capitels sich haben langweilen können, dann bitte ich Sie, lesen Sie es – noch einmal, und machen Sie sich dabei klar, wie viel Gutes eine geistvolle und edle Frau über den Mann vermag und auch vermögen soll.

Und wozu soll Ihnen das hier klar werden?

Die Männer werden mich närrisch, die deutschen Gelehrten werden mich geradezu einen Idioten nennen. Aber ich wollte doch, in jedem Criminalgerichte säße auch eine edle, geistvolle Frau mit an dem grünen Tische. Wäre es auch nur eine einzige, hätte sie auch nur eine berathende

Stimme, dürfte sie diese selbst nur durch ihre Mienen laut werden lassen, es sähe doch besser um die Strafrechtspflege in der Welt aus.

Daß es so wird, damit wird es noch lange Weile haben. Aber zum Guten auch auf ein richterliches Gemüth wirken, das können, das sollen edle Frauen zu allen Zeiten.

DER SOHN DES RICHTERS

Es war zwei Uhr Nachmittags. Der Rath Rohner war noch nicht wieder zu Hause. Die Sitzung hatte lange gedauert. Es war die Sitzung, in welcher durch den Ausschlag der Stimme des Raths das Todesurtheil gegen die Vatermörderin beschlossen war.

Aus dem Arbeitscabinet des Raths trat ein Polizeibeamter.

„Also bis drei Uhr!" sprach er in das Zimmer zurück, indem er es verließ.

„Auch etwas später," bat eine Stimme im Cabinet. „Ich bitte darum. Sie wissen."

„Ich weiß."

Der Polizeibeamte machte die Thür hinter sich zu, und nahm den Weg zum Hause hinaus.

Es war ein ältlicher Mann, der mit ihm in dem Cabinete gesprochen hatte; eine kleine, etwas runde Gestalt, ein außerordentlich gutmüthiges, wohlwollendes Gesicht. Aber in diesem Augenblicke sah es verstört aus. Ein heftiger Schreck, Angst, Schmerz zeichnete sich darin ab. So blickte er dem Polizeibeamten nach.

„Auch das noch!" sagte er schmerzlich für sich. „Aber konnte es anders kommen? Doch so, doch so! Ein gemeiner Betrüger! Ein Fälscher!"

Die Thür des Zimmers ging auf.

Ein junger Mann trat ein. Ein hübscher Mann im Anfange der zwanziger Jahre, etwas verlebt, etwas frivol. Er sah mit einer gewissen leisen Unruhe im Zimmer umher, dann auf den ältlichen Mann. Der alte Mann erschrak im ersten Momente, als er den jungen Mann sah, noch mehr. Aber er hatte sich schnell gefaßt.

„Wer war hier?" fragte ihn der junge Mann.

„Hast Du ihn nicht gesehen?" fragte der Alte zurück.

„Der Polizeicommissarius?"

„Ja."

„Was wollte er?"

Den alten Mann übernahmen plötzlich Schmerz und Angst.

„Rudolph, Rudolph –" brach es bittend, warnend, weinend aus ihm heraus.

Aber der junge Mann unterbrach ihn höhnisch, verächtlich, cynisch.

„Bist Du einmal wieder ein altes Weib, alter Narr? – Antworte, was wollte der Beamte?"

Der Hohn hatte den alten Mann nicht aus seinem Schmerze, aus seiner Liebe herausbringen können.

„Um Gotteswillen, Rudolph, was hast Du gemacht? Diesmal?"

„Du weißt es?"

„Ich weiß Alles –"

„Und darum ein solches Gesicht?"

„Du hast ein Verbrechen begangen?"

„Höre, Alter, ein Verbrechen ist erst dann da, wenn der Strafrichter seine Strafe dafür dictirt."

„War nicht der Polizeibeamte schon hier?"

„Ist nicht auch mein Vater da?" „Dein Vater? Eben Dein Vater! Er ist der redlichste, ehrenhafteste Mann von der Welt."

„Eben darum, sage ich! Er kann mich nicht verlassen, seinen einzigen Sohn nicht in's Zuchthaus schicken, seinen eigenen Namen nicht brandmarken."

„Aber Du wirst ihn unter die Erde bringen, Mensch."

„Pah, er ist ein eiserner Charakter."

„Leider, leider, und, Rudolph, wenn Du ihn falsch beurtheiltest! Gerade diesen eisernen Charakter!"

„Du bist noch da, Du mußt helfen."

„Werde ich es können?"

„Du mußt es können."

Er hatte das Alles kurz, befehlend, in höhnischem, frivolem Tone gesprochen. Er wollte gehen.

„Noch Eins, Rudolph," hielt fast flehend der Alte ihn an.

„Nun?"

„Du sagst Deiner Schwester nichts."

„Nein!"

„Dann geh mit Gott. Ich werde versuchen, was ich kann. Möge Gott mir beistehen." Der junge Mann hatte die Thür schon in der Hand. Er drehete sich wieder um.

„Höre, Alter," sagte er mit seinem vollen Hohne, „wenn es Dein Ernst ist, bei meinem Vater etwas für mich ausrichten zu wollen, so laß Gott und seinen Beistand, aus dem Spiele. Du weißt –"

Damit ging er.

„Ja, ich weiß," sah der alte Mann ihm nach, schwer seufzend, und trauriger und schmerzvoller, als vorhin dem Polizeibeamten. „Ja, ich weiß! Unglückliches Haus, aus dem sie Gott verbannen wollen! – Doch," rief er

auf einmal auffahrend, „sie ja nicht, der arme glückliche, fröhliche Engel!"
Draußen vor der Thür war eine singende Stimme laut geworden. Es war
eine frische, fröhliche Mädchenstimme, die ein fröhliches Liedchen vor sich
hinträllerte. Man glaubte zugleich ihren leichten Schritt zu hören, der lustig
und fröhlich nach der Melodie hüpfte.

Die Thür flog auf. Die fröhliche, hüpfende Gestalt stand da, Alles Lust,
Alles Leben, lachend die blühenden Wangen, die rosigen Lippen, die
weißen Zähne, die blauen Augen, das ganze, schlanke, prächtige Mädchen
von siebzehn Jahren. Sie blieb auf der Schwelle stehen.

„Ist der Vater noch immer nicht zurück, alter Bernhard?" fragte sie
freundlich.

„Wie Du siehst," sagte der alte Mann, und seine Augen wollten dem
schönen, freundlichen, lustigen Kinde freundlich zulächeln, und konnten es
doch nicht vor Thränen, die heftig daraus hervorzustürzen drohten, und die
er mit Gewalt zurückdrängen mußte.

„Das arme Kind," murmelte er für sich. „Es wäre ihr Tod, wenn sie es
erführe."

Das Mädchen sah sein Sträuben und Kämpfen und Murmeln.

„Was hast Du, alter Bernhard?"

„Nichts, nichts. Wer was willst Du so dringend bei dem Vater, Toni? Du
fragst schon zweimal nach ihm."

„Was ich bei ihm will? Höre, alter Bernhard, ich habe etwas auf dem
Herzen. Ich habe eine Bitte an den Vater. Du mußt mir helfen."

„Auch Dir?"

„Auch? Wem noch mehr?"

„Nichts, nichts. Sprich, was Du auf dem Herzen hast."

„Höre" –

Doch bevor wir das junge, fröhliche Mädchen ihre Bitte vorbringen lassen,
müssen wir dem Leser erzählen, wer sie, wer der junge Mann und wer der
alte Bernhard war.

Der junge Mann war der Sohn des Raths Rohner, das junge Mädchen die
Tochter des Raths. Sie waren seine einzigen Kinder. Er führte seine
Haushaltung mit ihnen und mit dem alten Bernhard. Seine Frau war schon
vor zwölf Jahren gestorben, als seine Tochter Antonie erst ein Kind von
fünf Jahren war.

Der alte Bernhard hieß mit vollem Namen Bernhard Naumann. Er war ein
Schulfreund des Raths Rohner, er war aber armer Leute Kind, und hatte
Schreiber werden sollen. So waren er und sein Freund Rohner, obschon die
Beiden auf der Schule eng verbunden waren, früh auseinander gekommen.
Der Rath war schon Rath und seit einigen Monaten Wittwer, als sie sich
nach langer Trennung wiedertrafen.

Er machte eines Tages einen seiner gewöhnlichen Spaziergänge am Ufer
des Flusses, der an der Stadt floß. Als er in eine einsame Gegend des

Flusses kam, sah er einen Menschen, der unter verzweiflungsvollen Gebehrden Anstalten machte, sich in das Wasser zu stürzen.

„Ein Narr der allerersten Sorte," sagte der Rath.

Aber er eilte doch auf den Menschen zu, als dieser gerade seinen letzten Sprung machen wollte.

„He, Narr, was ist denn das?"

Der Mensch sah ihn verwundert an.

„Rohner! – Du? – Du hast mich gerettet!"

„Bernhard! Du bist der Narr?"

„Freund, wie soll ich Dir danken? Du bist das Werkzeug Gottes –"

Der Rath runzelte die Stirn.

„Laß das und erzähle."

„Ich war in Verzweiflung und nicht mehr bei Sinnen. Da ging ich hierher an den Fluß, um mir das Leben zu nehmen. Ich mußte sterben, so meinte ich. Und nun auf einmal sehe ich das Thörichte, das Verbrecherische meines Vorhabens ein. Du bist ein rettender Engel, den Gott mir geschickt hat."

„Bleib mir mit solchen Narrensposse fort," sagte finsterer der Rath, „und erzähle vernünftig."

Der Gerettete erzählte nun, wie ihn immer und immer das Unglück verfolgt habe; wie er nichts als ein armer, elender Schreiber geworden sei, der des Tages nur seine wenigen Groschen habe verdienen können; wie er dennoch ein armes Mädchen, das er geliebt, geheirathet habe; wie darauf Hunger und Kummer, Sorge und Noth erst recht bei ihm eingezogen sei; wie die Kinder ihm gestorben, und zuletzt auch die Frau dahingewelkt sei. Gestern habe er sie begraben, heute habe er ihr folgen wollen.

„Ein Narr bist Du," wiederholte ihm der Rath. „Aber komm mit mir. Hoffentlich wirst Du wieder ein ordentlicher Mensch."

Der Schreiber Bernhard Naumann mußte mit ihm gehen und bei ihm in seinem Hause bleiben.

Er schrieb hier für ihn, und verwahrte ihm seine Kinder, und wurde zuletzt für Alle im Hause der alte Bernhard, der Jedem im Hause Alles war, für Jeden Alles that, und Jedem unentbehrlich war. Dabei war er der Einzige im Hause, der – betete. Er war seit seiner wunderbaren Rettung durch den Rath fromm geworden.

Der Rath behielt ihn dennoch bei sich. Manche Leute konnten es nicht begreifen. Aber es war doch so. Freilich sprach der alte Bernhard nie von seiner Frömmigkeit, und ein braver, gutmüthiger, wohlwollender Mann war er geblieben.

Doch noch Ein Herz in dem Hause des Raths Rohner konnte beten. Es machte aber auch kein Aufheben davon, und es betete unter Lachen und Singen und Springen, so recht kindlich fröhlich und selig. Das war Antonie, die Tochter des Raths, der Augapfel des alten Bernhard.

„Höre," sagte sie zu dem alten Manne, als er sie fragte, was sie auf dem

Herzen habe. „Aber versprich mir, daß Du den Vater recht sehr für mich bitten willst."

„So sage es doch nur erst."

„Versprichst Du?"

„Gewiß, gewiß."

„So höre. Wir sind zu morgen zum Balle bei dem Regierungspräsidenten eingeladen!"

„Das ist es? Zum Balle?"

„Das ist es. Zum Balle."

Er fragte mit dem Gesichte eines Leichenbitters, der brave Mensch, dem in diesem Augenblicke das Herz so doppelt schwer war.

Sie rief es mit dem ganzen frohen Glücke eines Mädchens von siebzehn Jahren, die schon springen muß, wenn sie an einen Ball denkt, wenn sie nur einen Walzer auf einem alten Leierkasten spielen hört.

„Wirst Du den Vater bitten, alter Brummbär?"

„War ich Dir das je, Antonie?"

„Heute bist Du es. Aber wirst Du? Da kommt der Vater."

„Bei Gott, da kommt er. Ja, ja, ich werde ihn bitten. Geh, geh!"

Sie hörte nur das Versprechen. Mit dem Versprechen sah und hörte sie nur Tanzen und Springen, und sie tanzte und sprang singend fort.

Der alte Mann sah seufzend hinter ihr her. Dann ging er ein paar Mal rasch durch die Stube, um gesammelt den Rath empfangen zu können.

Der Rath Rohner trat in das Cabinet. Er trug das Haupt hoch, stolz, hart, wie er die Sitzung verlassen hatte. Aber die buschigen Augenbrauen verdeckten nicht seine Augen, und man sah, wie durchdringend sie waren. Er heftete sie auf den Schreiber.

Der alte Mann hatte sich doch nicht völlig sammeln können. Der Rath bemerkte die Unruhe unter der zur Schau getragenen Unbefangenheit.

„Was ist vorgefallen?" fragte er.

„Nichts. Nur Toni war so eben hier."

„Was wollte sie?"

„Sie ist mit Dir zum Balle eingeladen."

Das Gesicht des Rathes verfinsterte sich. Von dem Ausspruche eines Todesurtheiles zum Ball? Oder war es etwas Anderes?

„Du weißt, ich gehe nicht gern."

„Auch sie weiß das."

„Und Du solltest mich bitten?"

„Ja."

„Nachher davon. Du hast etwas Anderes auf dem Herzen."

„Willst Du nicht jetzt zu Mittag essen? Es ist schon spät."

Der Rath lächelte; aber nicht höhnisch.

„Ah, alter Bursch, es muß etwas Schlimmeres sein, was Du mir mitzutheilen hast. Du willst mir den Mittag nicht verderben. Heraus damit. Dein Zweck ist doch nun einmal verfehlt, wie Du siehst."

Der alte Schreiber besann sich. In einer Stunde hatte der Polizeibeamte wiederkommen wollen. Mehr als eine halbe Stunde, drei Viertelstunden waren seitdem verflossen.

„Er könnte doch nicht mehr mit Ruhe essen," sagte sich der treue Freund und Diener.

Mit einem schweren Seufzer schickte er sich an, seine Trauerbotschaft auszurichten.

„Ja, ich habe Dir nichts Angenehmes zu sagen."

„Angenehmes und Unangenehmes, es wechselt Alles im Leben. Was hast Du?"

„Von Deinem Sohne sind schlechte Nachrichten eingelaufen."

„Von Rudolph? Hat er sich wieder mit den Nachtwächtern geprügelt?"

„Es ist schlimmer."

„Schlimmer, schlimmer! Er hat wohl gar die schwere Sünde begangen, einer bunten Schürze nachzulaufen, womit er nach Euch frommen Leuten hätte warten sollen bis zu den holdseligen Schürzen der ewigen Seligkeit? Eine einfältige Moral. Da lobe ich mir noch die der Türken. Sie haben wahrhaftig schöne Houris in ihrem Paradiese, aber darum führen sie doch nicht hier auf Erden ein Anachoretenleben."

Der alte Schreiber sah traurig vor sich hin.

„Wohin müssen solche Grundsätze führen?

„Nicht in die Kirche, Alter, auch wohl nicht in den Himmel, von dem Du träumst."

Der alte Mann konnte doch Gott nicht ganz „aus dem Spiele lassen".

„Leider nicht," sagte er; „aber in's Verderben. In's Verderben für Dich und Deine Kinder. O, Rohner, alter, braver Freund, möchtest Du nur einmal in die Kirche gehen, möchtest Du nur ein einziges Mal beten, zu Gott beten können."

Das Gesicht des Rathes verfinsterte sich wieder.

„Alter, Du wolltest mir von meinem Sohne erzählen. Mache es kurz. Oder vielmehr, wenn es nicht etwas ganz Besonderes ist, laß es ganz bei Seite. Ein junger Mensch kann, muß sein Leben genießen. Er kann auch dumme Streiche machen. Welcher Mensch macht sie nicht? Er muß nur keine schlechten Streiche machen, keine Gemeinheiten, die die Ehre angreifen. Die Ehre, mein Freund, sie allein ist das, was Ihr Frommen Moral, Gewissen, gar Religion nennt. Wer sie verloren hat, der ist verloren. Also, kurz oder gar nichts."

Der alte Schreiber mußte sich ein Herz fassen.

„Wenn es denn nun die Ehre angriffe, Rohner?"

Einen Augenblick durchzuckte es den Rath heftig. Dann aber lachte er höhnisch.

„Ah, ich weiß ja, was Ihr Immoralität, Irreligion und so weiter nennt! Mein

Sohn lebt; er lebt wohl auch leichtsinnig. Aber ein Ehrloser, ein gemeiner Verbrecher –! Pah, in seinen Adern fließt das Blut seines Vaters."

„Wenn er nun doch der ehrlose, gemeine Verbrecher wäre, gar ein Heuchler dazu, der Dich zu betrügen wußte?"

Den Rath durchzuckte es noch einmal, heftiger.

„Wie, Alter?"

„Wenn er ein Betrüger, ein Fälscher wäre?"

„Bernhard Naumann!"

„Wenn der Polizeicommissarius vor einer halben Stunde hier gewesen wäre und in einer Viertelstunde zurückkehren würde, um ihn zu arretiren, zum Criminalgefängnisse abzuführen?"

„Meinen Sohn? Rudolph?"

Der feste, harte Mann war leichenblaß geworden; das stolze Haupt sank ihm herunter. Aber auch das dauerte nur einen Augenblick, dann hatte er sich wie mit wunderbarer Kraft gefaßt. Das Haupt war wieder stolz emporgerichtet; die Gesichtszüge waren wieder eisern, wie zuvor.

„Erzähle," sagte er ruhig. „Verschweige mir nichts."

Der alte Schreiber erzählte:

„Der Polizeicommissarius war hier, im unmittelbaren Auftrage des Polizeipräsidenten. Rudolph, der ein ausschweifendes Leben führt, hat Schulden gemacht, viele, auf verschiedenen Seiten. Die Polizei hat es schon lange gewußt. Aber Du bist reich; Du hast Deinen Sohn so – so besonders erzogen; Du hast ihm Alles nachgesehen. Da hat auch die Polizei gemeint, sich nicht um ihn bekümmern zu müssen, so lange er nicht geradezu dem Strafgesetze entgegenhandele. Das hat er jetzt gethan. Er hat, um seine dringendsten Gläubiger befriedigen zu können, von einem ordentlichen, achtbaren Bürger Geld aufgenommen und dem Manne einen Wechsel über tausend Thaler gegeben; aber einen falschen Wechsel, von Dir auf Deinen Bankier ausgestellt und von diesem acceptirt. Deine Unterschrift, das Accept des Bankiers, das hatte er sich selbst geschrieben. Heute war der Verfalltag. Rudolph bittet den Mann noch um acht Tage Frist. Der Mann hat selbst Geld nöthig. Er geht mit dem Wechsel zu dem Bankier. Der Bankier erkennt die doppelte Fälschung. Er verweigert die Zahlung; er will erst mit Dir sprechen. Aber Du bist in der Sitzung und der Mann will nicht warten. Er ist zudem empört über das Verbrechen. Arme, geringe Leute stecke man um Kleinigkeiten in das Zuchthaus; vornehme Wüstlinge könnten ungestraft die Leute betrügen. Er eilt zum Polizeipräsidenten. Der Polizeipräsident schickt aus Rücksicht für Dich den Commissarius zuerst zu Dir. – Jetzt weißt Du Alles."

Der Rath Rohner war ruhig, er war fest und hart geblieben; nur die Farbe seines Gesichtes war wieder blässer geworden und die Lippen hatte er fester zusammengepreßt.

„Wann wollte der Polizeibeamte zurückkehren?" fragte er kalt.

„Die Zeit ist schon vorbei. Er kann in jeder Minute kommen."

„Er thue, was seines Amtes ist."

„Rohner!" rief der alte Diener erschrocken. „Wie? Was sprichst Du?"

„Ich sage Dir, der Mann thue, was seines Amtes ist."

„Du willst Deinen Sohn den Gerichten überliefern?"

„Ist er nicht ein Verbrecher?"

Der alte Schreiber war in eine entsetzliche Angst gerathen.

„Er ist Dein Sohn, Dein Kind. Er trägt Deinen Namen. Du kannst ihn retten. Der Polizeipräsident läßt es Dir sagen. Wenn Du den Wechsel einlösest, erfährt kein Mensch ein Wort von der Sache. Es ist ein Mißverständniß gewesen."

„Ich bin kein Gehülfe eines Betrügers und Fälschers."

„Dein Sohn bittet Dich. Er war bei mir."

„Durch Bitten wird das Recht nicht versöhnt, die verlorene Ehre nicht wieder hergestellt."

„Ich beschwöre Dich, Rohner. Du hast mich gerettet! Um jener Stunde willen –"

„Gib Dir keine Mühe weiter."

„Sei menschlich, Rohner!"

„Schweig."

„Denke an Gott!"

„Schweig, sage ich Dir."

„An Dein Kind, an Deine brave, unschuldige, fröhliche Antonie! Willst Du auch ihr Glück vergiften? Ihr Leben, ihr ganzes Leben vernichten? Soll sie die Schwester eines Zuchthaussträflings sein? Wird sie je einem Menschen in die Augen sehen können? Wird ihr je ein Mann die Hand reichen? Willst Du wirklich ihr Glück, ihr Leben vernichten?"

Der Rath ging doch mit größeren, unruhigeren Schritten in dem Zimmer umher. Er liebte das fröhliche, unschuldige, brave Kind; er liebte sie über Alles. Aber der feste, der harte Mann konnte nicht anders.

„Nein," sagte er.

Die Thür des Zimmers wurde aufgerissen. Der Sohn des Rathes stürzte herein. Er hatte das Gespräch der Beiden behorcht. Sein Gesicht trug nicht mehr die Züge des Hochmuthes, der Frivolität; die Angst hatte es beinahe entstellt.

„Vater, wenn auch ich Dich bitte, wenn ich Dir Besserung verspreche –"

Der Zorn färbte das Gesicht des Vaters Hochroth.

„Elender, Du wagst es, Dich vor mir blicken zu lassen?"

Der Sohn warf sich zu seinen Füßen nieder.

„Vater, ich bin Dein Kind!"

Der Vater stieß ihn von sich.

„Du bist ein elender, feiger Schwächling. Du bist mein Sohn nicht mehr. In das Zuchthaus mit Dir!"

In der Thür erschien der Polizeicommissarius.

„Mein Herr," sagte der Rath, „verhaften Sie den Fälscher."

Er sprach es kalt. Dann wandte er sich wieder an den alten Schreiber.

„Ich gehe mit Toni zum Balle. Du sorgst, daß sie nichts erfährt. – Komm zum Essen."

„Er kann nicht beten," jammerte der fromme Schreiber, und auch dieser fromme Schreiber war ein so braver Mensch.

DIE TOCHTER DES RICHTERS

Am folgenden Tage war der Ball bei dem Regierungspräsidenten, oder eigentlich der Präsidentin.

Der Rath Rohner fuhr mit seiner Tochter Antonie hin. Das Kind strahlte in ihrem Glücke und in ihrer Schönheit. Auch ihrer Schönheit war sie sich bewußt. Welches schöne Mädchen wäre es nicht! Und sie muß es sein.

Es war ihr erster Ball. Welch ein Glück ist der erste Ball für ein schönes und fröhliches Mädchen von siebzehn Jahren, das schon springen muß, wenn sie nur das Wort Ball hört, schon tanzen, wenn ein alter Leierkasten einen Walzer spielt!

Sie träumte nichts als Tanzlust. Wie sie in dem hellen Saale dahin fliegen werde, in den glänzenden Reihen, an dem Arme eines schmucken Cavaliers, leicht, glühend vor Tanzeslust, wie sie, Beide verfolgt in allen ihren Bewegungen, von entzückten Augen, die sich nicht von ihnen trennen konnten.

„Welch ein reizendes Paar!" hörte sie um sich her flüstern.

„Wie sie fliegen! Man sieht sie den Boden nicht berühren. Wie er schön ist und glücklich an ihrer Seite! Und auch ihr klopft das Herz an seinem Arme. Und auch sie ist schön. Und welche reizende Toilette sie gemacht hat!" Unter der Bewunderung Aller endigt der Tanz. Und nun stürzen die schönsten, die elegantesten Tänzer auf sie zu, um sich den nächsten Tanz von ihr zu erbitten. Und sie kann sich nicht genug versagen. Sie ist für den ganzen Abend engagirt, für alle Tänze, und wenn deren noch einmal so viele wären.

So träumte sie, und sie sprang hoch auf in dem Wagen, in dem sie träumte, voll Glück, voll Lust, voll Wonne.

Der erste Ball, die erste Liebe, es sind die süßesten Träume eines jungen Mädchenherzens. Wie oft endet der Traum mit Schrecken!

Von ihrem Bruder wußte sie nichts. Sie hatte ihn nicht gesehen. Sie sah ihn oft Tage, Wochen lang nicht.

Ihr Vater hatte nicht die geringste Veränderung gezeigt. Das stillere Wesen des alten Bernhard war in ihrem Glücke ihr nicht aufgefallen. Wie viele Mühe gab sich der brave alte Mann auch, daß es ihr nicht auffallen solle! Gebe Gott, daß sie es nie erfahre! Wer sollte auch so boshaft sein, das Herz des fröhlichen Kindes mit der Nachricht zu vergiften? –

Sie erschien auf dem Balle. Sie war die schönste, die frischeste, die reizendste Blume des Balles. Wer das unschuldige, fröhliche, der vollen Freude und Lust voll sich hingebende, im vollen Glücke glänzende Kind ansah, wie Alles an ihr, Alles in ihr lachte, dem lachte selbst das Her; vor Freude und Lust. Und sie war auch die beste, die leichteste, die anmuthigste Tänzerin. Wer sie tanzen sah, wurde von Bewunderung hingerissen, die entzückten Augen konnten sich nicht von ihr trennen. Wer mit ihr tanzte, konnte sie nicht aus seinen Armen lassen.

Auch auf dem Balle wußte man von ihrem Bruder nichts, vielleicht nur mit Ausnahme eines oder zweier tief verschwiegener Beamten. Die Betrogenen hatten um des Vaters willen nichts veröffentlicht. Die Polizei- und Gerichtsbeamten hatten, dem beamtlich hochgestellten Vater gegenüber, ihre Amtsverschwiegenheit strenge beobachtet. Zu jener Zeit erfuhr man von einem Verbrecher nur – durch Verletzung der Amtsverschwiegenheit.

Wie die jungen Herren, rissen sich auch die alten Damen um das Kind. Einer alten Generalin war sie ihr süßer Engel geworden.

„Heute bin ich Ihre Mutter, mein liebes Kind. Keine andere Mutter auf diesem Balle wird glücklicher sein, als ich."

Sogar die jungen Mädchen, wenn sie auch eifersüchtig sein mochten, konnten dem fröhlichen Kinde nicht gram werden. Sie suchten sie auf, sie umringten sie, sie promenirten Arm in Arm mit ihr in den Pausen, sie wurden fröhlich mit ihr.

Es gibt in der Welt keinen wunderbareren Zauber, als den eines recht unschuldigen und fröhlichen Mädchenherzens, wenn es das Maß der Grazien einhält. Und dieser Zauber ist ein so seltener in den Kreisen der höhern Gesellschaft.

Selbst, ja selbst ihr Vater konnte sich ihm nicht entziehen. Er hatte einen Sohn verloren. Er hatte ihn selbst von sich gestoßen. Der Verlust, diese Art des Verlustes hatte sein Herz noch mehr verhärtet, noch fester verschlossen. Die Liebe zu der Tochter, dem Kinde, das er über Alles liebte, hatte es ihm nicht erweichen, nicht öffnen können. Wo er stand, stand er mit einem Vernichtungs-, einem Verdammungsfluche gegen Alles auf den Lippen. Aber er hatte die auf seine Ehre eifersüchtige Gewalt über sich, den Fluch auf den fester zusammengepreßten Lippen zurückzuhalten, und äußerlich nur eine um so eisigere Kälte zu zeigen, je ingrimmiger der Zorn in ihm brannte. Der Anblick der Tochter, das helle, fröhliche Glück des schönen Mädchens, die Bewunderung, die sie auf allen Seiten erregte, konnten doch zuletzt den Zorn in seinem Innern mehr und mehr beschwichtigen, selbst die harte Kruste um sein Herz weicher machen. Die Lippen öffneten sich manchmal zu einem leisen Einathmen von augenblicklicher Befriedigung, unter den finsteren Augenbrauen glänzte Secunden lang ein stilles Behagen hervor.

Aber Jemand war in der Gesellschaft, auf den jener Zauber der natürlichen, fröhlichen Unschuld des jungen Mädchenherzens seine Wirkung verfehlte.

Es war eine schöne, stolze, vornehme junge Dame. Sie war gewohnt, in den Gesellschaften unter den jungen Damen die gefeierteste zu sein. Sie machte Anspruch darauf.

Sie war es an dem heutigen Abende nicht. Ein Kind von kaum siebzehn Jahren, die Tochter eines bürgerlichen Beamten, anmuthig, aber einfach gekleidet, stellte sie heute in den Schatten, sie, die stolze, stets triumphirende Schönheit, die Tochter eines der ersten Grafenhäuser des Landes, in ihrer reichen Toilette, in ihrem glänzenden Schmucke von Perlen und Juwelen. Ihre Anbeter vernachlässigten sie. Die stolze Gräfin wurde gelb, biß die Lippen zusammen, rümpfte höhnisch die Nase, medisirte boshaft.

Antonie Rohner hatte sich nicht um die stolze Gräfin gekümmert. Sie lebte ja noch im Glück, in der Freude. Was ging sie der Neid, der Haß an? Sie tanzte, sie sprang, sie scherzte, sie lachte. Sie hatte auch nicht darauf geachtet, als später die stolze, schöne Dame nicht mehr da war. Das war um Mitternacht.

Sie habe Kopfweh, hatte die Gräfin zu einer Dame gesagt, sie müsse in einem stillen Zimmer des Hauses ein halbes Stündchen ausruhen. Dann hatte man sie nicht weiter gesehen.

Aber ein sehr aufmerksamer Beobachter hätte vor ihrem Verschwinden auch noch etwas Anderes wahrnehmen können.

In der Gesellschaft war ein großer, bildschöner Mann. Er war Rittmeister in der Garde, Wenn er in seiner eleganten, knapp anliegenden, die schönen Formen seines Körpers so wundervoll hervorhebenden Uniform den Saal durchschritt, so blieben auch an ihm unwillkürlich viele Blicke bewundernd hängen. Freilich war es eine andere Bewunderung, als mit welcher die Augen der liebreizenden Antonie Rohner folgten. Und vielleicht mußte man ihn auch darum mit desto größerem Interesse ansehen, da man ihn fast nur an der Seite einer häßlichen, kleinen, halb verwachsenen, nicht mehr jungen Dame sah. Die Dame war seine Frau, ein reiches, häßliches, altes Fräulein, die sich für ihr Geld den schönen Officier geheirathet hatte und nun so unendlich eifersüchtig auf ihn war, daß sie nicht von seiner Seite wich und er nicht von ihrem Arme weichen durfte, daß er keine andere Dame ansehen, daß kein anderes weibliches Wesen nur ihr Auge auf ihn richten durfte. Daher mochte es denn auch rühren, daß selbst der aufmerksamste Beobachter nicht darüber hätte in's Klare kommen können, ob der schöne Rittmeister – er hieß Baron Richter – und jene schöne, stolze Gräfin – sie hieß Auguste von Göppingen – verstohlene Blicke sich gegenseitig zusendeten, oder ob sie dies nicht thaten. Kurz vor Mitternacht indeß mußte es doch Jemand bemerkt haben.

Der Rittmeister hatte seine Frau zwei Freunden überlassen, die ihr sehr angelegentlich den Hof machten. Keine Frau ist so häßlich, daß sie sich nicht den Hof machen ließe; die häßlichste oft am liebsten. Er selbst schritt in Gedanken durch den Tanzsaal. Es war eine Pause. Er ging langsam auf und ab. So kam er an den Reihen sämmtlicher Damen vorbei, also natürlich auch an der schönen Gräfin Göppingen. Er schien sie jedoch nicht zu bemerken, und sie hatte ihn kaum eines Blickes gewürdigt. Er entfernte sich in seinem langsamen, gedankenvollen Gehen auch bald ganz aus dem Saale, vielleicht zum Buffet oder in ein Rauchzimmer. Und die Gräfin Auguste Göppingen hatte in der That wohl um so weniger nach ihm hingeblickt, als sie damals schon ihre Migräne haben mußte. Denn daß sie diese habe, hatte sie schon vorher zu ihrer Nachbarin gesagt, und sie stand auf, um in dem entfernten, stillen Stübchen auszuruhen. Dennoch war in dem Saale Jemand, der etwas Anderes, der mehr als Andere gesehen haben mußte. Es war ein Regierungsrath, der bei dem Polizeipräsidenten arbeitete. Also ein Beamter, gar ein hochgestellter Beamter der Polizei. Er mußte gewiß mehr gesehen haben, als andere Leute. Dazu kam, daß er früher ein Liebhaber der schönen Gräfin gewesen war; denn die schöne Auguste von Göppingen hatte schon Liebhaber gehabt.

Die Dame selbst schien kaum zu bezweifeln, daß er mehr gesehen haben müsse, als er hätte sehen sollen.

Sie erschrak heftig, als sie aufgestanden war und er sich ihr plötzlich nahete und sie sehr theilnahmvoll fragte:

„Sie sind unwohl, meine Gnädige?"

Aber sie mußte ihm doch antworten, und sie hatte sich auch bald wieder gefaßt, und da sollte sie, wenn auch zuerst sich ärgern, doch nachher sogar neugierig werden.

„Ich habe Migräne," antwortete sie kurz.

„Und Sie wollen sich aus diesem Geräusche zurückziehen?"

„So ist meine Absicht."

„Darf ich Ihnen meinen Arm bieten?"

„Ich danke Ihnen."

„Ich hätte Ihnen Mancherlei mitzutheilen."

„Sie würden mich in der That in meinem Zustande wenig empfänglich finden."

„Ah, die Migräne!"

Der Regierungsrath begleitete die Worte mit einem so höhnischen Lächeln, daß die junge Dame wüthend hätte ausrufen mögen: Frecher, unverschämter Polizeimensch! Indessen that sie es nicht, und als der Andere fortfuhr, wurde sie jetzt neugierig und sagte sich auch wohl zugleich: Er hat doch nichts gesehen.

„Die fatale Migräne," sagte der Regierungsrath. „Ich hätte Ihnen sonst in Betreff des Fräulein Rohner Mittheilungen machen können."

„Ah, des Fräulein Rohner?"

„Und gar interessante."

„Sie wissen etwas Besonderes?"

„Etwas ganz Besonderes."

„Lassen Sie hören."

„Wir sind an der Thür, meine Gnädigste, ich darf Sie nicht weiter begleiten. Sie hatten Recht, Sie bedürfen der Ruhe und – Einsamkeit; aber nachher, wenn Sie befehlen."

Damit verabschiedete er sich sehr höflich von ihr. Und die schlaue Dame, indem sie den Saal verließ, sah zwar noch etwas zornig, aber doch auch nicht mehr erschrocken aus.

„Er hat nichts gemerkt; er wollte mich nur mit der Person, der Rohner, ärgern," sagte sie für sich.

Eine halbe Viertelstunde später war dieser „Person", dem Fräulein Antonie Rohner, ein kleines Malheur passirt. Wie oft schon hat ein kleines Malheur ein recht großes, tiefes Unglück zur Folge gehabt! Und das kleine Malheur war von so geringfügigen, unbedeutenden Umständen herbeigeführt!

Ein Walzer war zu Ende. Antonie Rohner hatte ihn mit einem jungen Legationssecretair getanzt. Er führte sie auf ihren Platz zurück. Sie hatte ihn bei der alten Generalin gehabt, der sie ihr süßer Engel geworden war und die seitdem Mutterstelle an ihr vertrat. Die alte Dame kam ihr schon entgegen.

„Aber mein Gott, mein süßer Engel, Ihr Tänzer hat Ihnen die Taille zerrissen."

„O weh, ich sehe es auch."

„Die Herren werden jetzt täglich ungeschickter, selbst die von der Gesandtschaft."

„O, nicht Alle, liebe Excellenz."

„Ah, und zum Beispiel?"

„Die Officiere –"

„Ei, ei, süßer Schelm, der kleine Lieutenant von den blauen Husaren –"

„Er hat mir nichts zerrissen."

„Noch nicht! – Aber wir müssen den Schaden wieder gut machen. Kommen Sie, mein Engel, wir wollen die Präsidentin aufsuchen."

Die Präsidentin war schon da.

„Der Schade ist leicht gut zu machen; meine Kammerjungfer ist geschickt."

Die gütige Wirthin führte das freundliche Mädchen in ein Vorzimmer; dort harrte ähnlicher Unfälle Friederike, die Kammerjungfer der Präsidentin. Die

Kundige untersuchte den Schaden.

„Mit bloßem Anheften von Nadeln ist das nicht gethan, gnädige Frau."

„So führe das Fräulein in mein Ankleidecabinet."

Die Kammerjungfer führte das Mädchen in einen Corridor, zu dem Ankleidecabinet der Präsidentin. Aber das Cabinet war verschlossen und die Jungfer hatte den Schlüssel vergessen.

„Ich laufe, ihn zu holen, Fräulein. Wollen Sie nicht so lange hier nebenan eintreten? Es ist das Schlafzimmer der Frau Präsidentin. Ich bin im Augenblicke wieder bei Ihnen."

Sie lief.

Antonie hatte von ihr ein Licht genommen. Die schritt damit auf die Thür des Schlafzimmers der Präsidentin zu. Als sie die Thür anfassen wollte, um sie zu öffnen, stieß ihr Fuß vor der Schwelle auf Etwas. Sie sah hin. Es war etwas Glänzendes. Sie bückte sich nieder. Es war ein reiches, funkelndes Diamantenkreuz.

„Das hat gewiß die Präsidentin verloren. Wer sollte sonst hierhergekommen sein? Ich werde es ihr wiederbringen."

Sie hob das Kreuz auf und steckte es in eine Tasche ihres Kleides; dann öffnete sie die Thür des Schlafzimmers, um hineinzutreten. Sie trat hinein, flog aber im selben Augenblicke erschrocken zurück.

„Mein Gott!"

Sie war blaß wie eine Leiche geworden und zitterte, daß sie kaum das Licht halten konnte.

„Was war das? Das war ja entsetzlich!"

Was war es, was sie so erschreckt hatte?

In dem Schlafzimmer der Präsidentin stand ein Sopha. Auf das Sopha fiel der volle Schein des Lichtes der Eintretenden. Der Schein des Lichtes beleuchtete voll ein Paar, das sich in dem Sopha umarmt hielt. Es waren die schöne Gräfin Auguste von Göppingen und der schöne Rittmeister Baron Richter. Sie hatten in dem Feuer ihrer Umarmung den leichten Schritt des jungen Mädchens nicht nahen hören. So waren sie in ihrer Umarmung überrascht.

„Das ist ja entsetzlich!" rief das unschuldige Kind, erbleichend, zitternd an allen Gliedern.

Sie flog auf den Tod erschrocken zurück; sie konnte in dem Corridor nicht mehr, sie konnte gar nicht mehr allein bleiben, denn eine entsetzliche Angst hatte sie ergriffen. Sie flog in das Vorzimmer, zu dem Ballsaale zurück. Sie mußte wieder zu Menschen, zu schützenden, zu redlichen Menschen, unter denen sie vor dem erschreckenden Anblicke einer sündhaften heimlichen Umarmung zwischen einem verheiratheten Manne und einem frivolen Mädchen sicher war. Was kümmerte sie ihr zerrissenes Kleid? Sie vergaß Alles, außer dem Einen, dem Anblick, der sie zum Zittern gebracht hatte, über den sie noch immer erbebte.

Die Kammerjungfer war unterdeß zurückgekommen, sie war ihr nachgeeilt und erreichte sie im Vorzimmer.

„Darf ich jetzt bitten, gnädiges Fräulein?"

„Nein, nein, nicht zurück. Machen Sie nur hier, nur rasch."

„Ah, das gnädige Fräulein wollen den Galopp nicht versäumen, den die Musik da gerade beginnt."

„Machen Sie nur rasch!"

Der Schaden war jetzt doch mit Stecknadeln zu heilen. Er wurde unter fliegender Eile geheilt.

Antonie stürzte in den Ballsaal zurück. Sie hatte die Kammerjungfer nach dem gefundenen Diamantenkreuze fragen wollen, hatte es aber in ihrem Schreck, in ihrer Angst vergessen. Sie hatte ja Alles vergessen, außer jenem Einen. Es war dem armen, unschuldigen, unerfahrenen Kinde wirr im Kopfe geworden. Sie war unschlüssig in dem hellen, lauten, bunten Saale, ob sie nicht in ein Nebenzimmer gehen solle, in dem sich ihr Vater befand, um ihn zu bitten, daß er mit ihr nach Hause fahren solle. Da stand der kleine Lieutenant von den blauen Husaren vor ihr.

„Mein Fräulein, schenken Sie mir diesen Galopp?"

Er war so hübsch, so schmuck und tanzte so schön. Als sie vorher mit ihm getanzt, war in dem ganzen Saale nur eine Bewunderung des reizenden Paares gewesen. Er war auch so bescheiden, und er war erst Lieutenant, und kein verheiratheter Rittmeister, und er führte sie in die helle, schützende Gesellschaft zurück: er selbst war ihr Schutz. Sie nahm seinen Arm und folgte ihm in die Reihe der Tanzenden. Sie tanzte mit ihm.

Das reizende Paar flog in dem beflügelten Tanze wieder wie beflügelt dahin. Die feinen Füße schienen den Parketboden nicht zu berühren. Die leichten, schwebenden, anmuthigen Bewegungen schienen die eigensten, natürlichsten Bewegungen ihrer freien Glieder zu sein. Die entzückte Bewunderung Aller folgte ihnen wieder.

Zwischen dem Ja und Nein einer Frau, sagt, wie ich meine, Jean Paul irgendwo, gibt es nicht Zwischenraum genug für den Knopf einer Stecknadel.

Wie hätte in das fröhliche Herz des unschuldigen Kindes nicht bald wieder das volle Glück einziehen sollen? Und in dem Glücke vergaß sie zu dem, was sie schon vergessen hatte, auch den Schreck, der sie das Andere hatte vergessen lassen. Sie sollte mit Entsetzen wieder daran erinnert werden, an Alles.

Die schöne Gräfin Auguste von Göppingen war ebenfalls in den Saal zurückgekehrt. Der Regierungsrath, der auf dem Polizeipräsidium arbeitete, empfing sie an der Thür. Er schien auf sie gewartet zu haben.

„Gräfin, wie sehen Sie so verstört aus! Rasch im Galopp zu dem Galopp, ehe man es gewahrt."

Ein Polizeirath hat allerlei Zwecke und allerlei Mittel.

Die schöne Gräfin ließ sich von ihm in den Galopp ziehen. Um ihrem Gesichte die Farbe, ihren Augen den Glanz wieder zu gewinnen, tanzte sie rasch, wild, über das Maß der Grazien hinaus. Ihr Tänzer konnte ihr kaum folgen; er konnte ihr nicht mehr folgen. Sie selbst konnte nicht weiter, sie erbleichte, sie taumelte. Der schnelle Wechsel der heftigsten Bewegungen ihres Innern, das rasche Drehen des Tanzes, die Hitze des Saales hatten auf einmal zu sehr auf sie eingewirkt; ein Schwindel ergriff sie, sie drohete umzusinken.

Die Arme einer Nachbarin griffen sie stützend auf. Antonie Rohner war die Nachbarin. Das Kind sah plötzlich das erbleichende Gesicht neben sich. Der Schreck der Erscheinung erfaßte sie wieder, sie erblaßte selbst. Aber ihr schönes Herz öffnete ihre Arme, die Sinkende aufzufangen. Sie umfing sie, sie hielt sie aufrecht. Sie konnte sogar die schöne Dame, die eben verräterisch an einem verräterischen Herzen gelegen hatte, an ihr reines Herz drücken, um sie desto fester zu stützen, desto eher das schwindende Leben in sie zurückzuführen.

Aber die schöne, stolze Gräfin war auch eine kräftige Dame. Ihr Körper hatte jenen inneren und äußeren Eindrücken nur auf einen Augenblick erliegen können. Ehe die Umstehenden sich besinnen, ehe die Flacons sich öffnen konnten, stand sie schon wieder aufrecht, konnte sie ihrem Tänzer wieder den Arm bieten, aus den Armen des freundlichen Kindes sich losreißen. Sie that es, mit einem kalten, stolzen Blicke gezwungenen Dankes auf das Mädchen. Der Blick rief den Schreck, die Verwirrung in das Herz und auf das Gesicht des Kindes zurück. Sie zitterte an dem Arm des kleinen Lieutenants von den blauen Husaren. Er mußte sie verwundert ansehen. Ihre Nachbarinnen mußten es nicht minder.

„Ach, mein süßer Engel, Sie haben sich erschrocken," lief die alte Generalin herbei.

Aber die schöne Gräfin Göppingen hatte sich in dem nämlichen Augenblicke noch mehr erschrocken; dann freilich hatte eine fast satanische Freude sie durchbebt.

Der Regierungsrath hatte sie zu einem Sessel führen müssen. Dort musterte die Dame ihren Anzug, ob er durch das Begegniß nicht gelitten habe. Auf einmal erblaßte sie.

„Mein Gott!"

„Was ist Ihnen, Gräfin?"

„Mein Diamantkreuz ist fort."

„Es wird Ihnen bei dem kleinen Unfall entfallen sein."

„Unzweifelhaft."

„Ich suche es."

Er hatte zu der Stelle des kleinen Unfalls nur drei Schritte zu gehen. Sie war leer, er suchte, und fand das Gesuchte nicht. Er kehrte zu der Gräfin zurück.

„Ich finde nichts. Vermissen Sie das Kreuz erst in diesem Augenblick?"

„Gewiß."

Sie war bei der Frage erröthet; aber sie konnte sie bejahen. Sie hatte vorher wohl an nichts weniger als an ihr Diamantkreuz gedacht, einen wie hohen Werth es auch haben mochte.

„Sonderbar," sagte der Polizeirath, „am Boden liegt nichts, und wenn es Jemand aufgehoben hätte, ohne sich zu melden – nein, nein – in dieser Gesellschaft – es ist nicht möglich."

„Aber sehen Sie dort?" rief auf einmal die Dame. „Die kleine Rohner! Sie ist so blaß – man ist um sie beschäftigt. – Mein Gott, was fällt mir da ein? – Sie wollten mir von ihr erzählen."

Auch der Regierungsrath war auf einmal stutzig geworden.

„Sie lagen in ihren Armen. Sie hatte Sie an sich gedrückt. Ihre Hände waren mit Ihnen beschäftigt."

„Aber eine Diebin! So jung, den besseren Ständen angehörig, und schon so verworfen, so abgefeimt!"

„O, meine Gnädige," versicherte der Regierungsrath, der im Polizeipräsidium arbeitete, „sie ist lebhaft, eitel; davon ist der Leichtsinn nicht fern. Sodann, warum ist sie auf einmal so blaß, so erschrocken? Es ist vielleicht ihre erste That, wenigstens die erste in solcher Gesellschaft, von solcher Bedeutung. Sie ist über sich selbst erschrocken. Und endlich – ach, ich wollte Ihnen in der That vorhin in Betreff der kleinen Dame eine Mittheilung machen. Haben Sie nichts über ihren Bruder gehört?"

„Nichts," sagte die Gräfin.

„Es gehört hierher. Ich muß es Ihnen jetzt mittheilen. Wir müssen danach weiter verfahren. Der Bruder dieser jungen Dame ist gestern wegen Betrugs und Wechselfälschung von der Polizei arretirt und den Criminalgerichten überliefert."

Da stieg in das Gesicht der schönen Gräfin die satanische Freude über das Kind, von dem sie vorhin in der verbotenen Umarmung überrascht worden war.

„Ach, ein würdiges Geschwisterpaar! Der Bruder Wechselfälscher, die Schwester Diebin!"

Der Regierungsrath zuckte die Achseln.

„Und der Vater Gottesleugner! Können die Kinder anders werden? Der Mann soll noch nie gebetet haben!"

Auch der Polizeimann mußte das sagen, und auch er konnte es nicht ohne ein inneres Grauen.

Und das arme, reine, edle Kind sollte eine Diebin sein, weil der Vater nie gebetet hatte!

Die stolze Gräfin hatte rasch einen Entschluß gefaßt. Es war der Entschluß der Bosheit, der Rache, der Rache für jenen Zufall. Es war aber auch zugleich ein Entschluß der eigenen Sicherung: eine Mittheilung über jene

Ueberraschung aus dem Munde einer Diebin, auch nur einer verdächtig gemachten, war offenbare, rachsüchtige Lüge, die Niemand glaubte.

Sie sprang auf, zu dem Kreise der Damen.

„Meine Damen, ich vermisse mein Diamantkreuz. Es hat einen hohen Werth. Hat keine von Ihnen es gesehen?"

Sie hatte es laut gerufen, in sonderbarem Tone. Ein allgemeiner Schrecken verbreitete sich. Am meisten erschrak Antonie Rohner. Sie hatte das Kreuz gefunden, schon seit einiger Zeit, und sie hatte es nicht zurückgegeben, sie trug es noch in ihrer Tasche. Doch daran mochte das arglose Kind am wenigsten denken. Aber wenn sie sagte, daß sie es gefunden habe, mußte sie dann nicht auch sagen, wo sie es gefunden hatte? Und konnte sie das?

Sie fuhr dennoch unwillkürlich mit der Hand in die Tasche. Die Gräfin sah es. Sie sah es mit einem fürchterlichen Triumphe.

„Auch Sie nicht, Fräulein Rohner?" rief sie lauter.

Das Kind hatte in ihrer doppelten Herzensangst das Kreuz schon hervorgezogen. Ihre bebenden Hände hielten es der Gräfin hin.

„Ach, doch Sie!" rief die Dame.

„Ich fand es –"

Das arme Kind stockte. Sie konnte vor allen den Zeugen nicht weiter reden.

„Ach, Sie fanden es! Ich lag in Ihren Armen!"

Antonie kämpfte in Todesangst mit sich.

„Sonderbar," sagte der Regierungsrath einer Dame in's Ohr, „gestern ist ihr Bruder wegen Wechselfälschung in das Criminalgefängniß eingeliefert."

Die Dame schrie laut auf:

„Der Bruder ein Wechselfälscher?!"

„Wie ich Ihnen sage, und schon in den Händen des Gerichts."

„Seit gestern?"

„Seit gestern."

„Und sie ist heute auf dem Balle!"

Die Dame hatte laut genug gerufen, der Herr hatte laut genug geantwortet. Es entstand ein allgemeiner Tumult.

„Der Bruder ein Fälscher!"

„Dem Criminalgerichte überliefert!"

„Und die Schwester auf dem Balle!"

„Und sie war so erschrocken!"

„Und sie hatte das Kreuz!"

„So jung noch!"

„Und in solcher Gesellschaft!"

„Es ist entsetzlich!"

„Unter uns eine Diebin!"

Die Menge glaubt immer zuerst das Schlechteste. Auch die vornehme Menge. Und hatten sie nicht manche Zeichen eines Schuldbewußtseins vor sich?

„Auf meinem Balle mußte das passiren," jammerte die Präsidentin.

„Ich hatte sie für einen Engel gehalten," rief mit Abscheu die alte Generalin.

Sie gehörten ja auch zu der Menge. Antonie Rohner hatte jedes Wort gehört. Nein, nicht mehr alle, nur die ersten. Aber es war genug, um ihr die Sinne, den Verstand zu verwirren. Ihr Gesicht war weiß wie Kreide geworden; die Züge waren entstellt, die erloschenen Augen starrten wie wahnsinnig; der Wahnsinn hatte sie ergriffen.

„Der Bruder ein Betrüger! Die Schwester eine Diebin!"

Sie schrie es selbst laut auf.

Der Tumult hatte ihren Vater herbeigeführt. Sie stürzte sich in seine Arme.

„Ich bin eine Diebin, Vater. Sie wollen mich tödten. Bete! Bete für mich!"

Die buschigen Augenbrauen des Raths Rohner senkten sich tiefer, seine Lippen kniffen sich fester zusammen, sein Gesicht wurde härter. So führte er die wahnsinnige Tochter aus dem Ballsaale.

Er betete nicht.

ER BETET

Acht Tage waren seit dem Balle bei der Präidentin verflossen. Antonie, die unglückliche Tochter des Raths Rohner, lag noch im Wahnsinn. In ihrem Körper wüthete zugleich ein Fieber. Der Arzt hatte das Fieber für ein günstiges Zeichen erklärt. Mit ihm werde die Nacht aufhören, die den Geist der Armen umdunkle. So hoffte er. Es konnte auch anders kommen.

Der Vater saß an dem Bette der Kranken. Hinter ihm stand der alte Schreiber Bernhard. Der Rath Rohner hatte einem Gespenste geglichen, als er in jener Nacht die wahnsinnige Tochter nach Hause brachte. Aber einem finsteren, drohenden Gespenste. Das Kind war das einzige Wesen auf der Welt gewesen, das er liebte. Sie war es noch, sie mußte es noch sein, sein Herz konnte sich nicht von ihr reißen, von ihr nicht. Und das Herz war ihm nicht gebrochen! Welche ungeheure Kraft mußte der Mann haben! Welche ungeheure Gewalt über sich! Er hatte die Tochter dem alten Bernhard übergeben, der noch auf war.

„Laß sie zu Bette bringen und den Arzt rufen!"

Aber der alte Mann hatte sich entsetzt.

„Um des Himmels willen, Rohner, was ist dem Kinde? Was ist Dir? Wie siehst Du aus? Was ist vorgefallen?"

„Was vorgefallen ist, alter Narr? Entweder ist sie eine Diebin und eine Wahnsinnige zugleich, oder sie ist blos eine Wahnsinnige. Laß den Arzt rufen."

Damit war er in sein Zimmer gegangen.

„Möchte er beten können! Nur einmal! Nur für das arme Kind!" jammerte der alte Mann.

„Was macht sie?" fragte am andern Morgen der Rath den Schreiber. Er fragte es kalt, hart.

„Zu dem Wahnsinn ist ein hitziges Fieber gekommen."

Der Rath hörte die Antwort eben so kalt und hart. Aber man sah es dem harten Gesichte doch an, daß er die ganze Nacht kein Auge geschlossen hatte, und als er, wie jeden Morgen, zum Gerichte gehen wollte, schienen die Füße ihn nicht tragen zu können. Er kehrte in sein Zimmer zurück und verschloß sich darin. Er genoß den ganzen Tag nichts. Zwei Tage lang ließ er sich nicht sehen. Er hatte auch nach der Kranken nicht gefragt. Am Abend des dritten Tages erschien er in dem Krankenzimmer. Sein Gesicht war furchtbar entstellt, sein Haar hatte in den paar Tagen sich grauer gefärbt; aber hart war er geblieben. Er stellte sich an das Bett der Kranken und betrachtete das in der Hitze des Fiebers glühende Gesicht, die von dem Wahnsinn zerstörten Züge. Er konnte das Alles sehen, ohne daß in sein Auge eine Thräne trat, ohne daß ein Zug seines Gesichtes sich veränderte.

„Ist sie immer so?" fragte er den Schreiber, der weinend am Bette saß.

„Immer!"

Er starrte still vor sich hin. Dann fuhr er auf einmal auf.

„Der Bruder ein Betrüger! Sie – Ist es denn möglich? Großer –"

„Sprich das Wort aus," sprach der alte Schreiber zu ihm hin. „Mensch, sprich das Wort Gott aus. Du kannst sie retten! Du rettest sie." Aber der Rath sah ihn finster an.

„Abergläubischer Narr, kann ein Wort geschehene Dinge ungeschehen machen?"

„Aber sie ist keine Diebin! Diese nicht! Und wenn die ganze Welt es behauptet, und wenn ihr eigener Vater es beschwört, hartherzig oder selber wahnsinnig, es ist nicht wahr, ich verlasse das Kind nicht, das reinste, das unschuldigste Kind, das auf Erden lebt!"

Auf einmal hatte der Rath einen Entschluß gefaßt. Er verließ das Zimmer und das Haus. Er kehrte spät in der Nacht zurück. Er war bei der Präsidentin, bei der Generalin, bei dem Regierungsrath gewesen. Sie hatten ihm Alles mittheilen müssen, was sie wußten. Zu der Gräfin Göppingen war er nicht gegangen. Sie hatte er nicht fragen können.

Er kam kalt nach Hause zurück, und stellte sich wieder an das Bett der Kranken. Er betrachtete sie wieder. Er starrte vor sich hin.

„Ist sie schuldig?" fragte, er sich. „Ist der Wahnsinn ihr Glück?"

Er verschloß sich wieder in sein Zimmer. Am folgenden Morgen früh ging er wieder aus, und zwar das erste Mal zum Gerichte nach dem Balle; es war den vierten Tag danach. Auf dem Gerichte ließ er sich die Acten gegen die Vatermörderin vorlegen. Er las sie aufmerksam durch. Dann ging er in das Criminalgefängniß, wo auch sein Sohn saß; aber zu ihm ließ er sich nicht führen. Der Director des Gefängnisses mußte ihn zu der Vatermörderin geleiten. Mit ihr unterhielt er sich lange. Er fand in ihr ein tief unglückliches, aber tief reumüthiges Geschöpf. Ein besseres Wesen war sie schon jetzt. Sie konnte der menschlichen Gesellschaft wieder nützlich werden, wenn das Gefühl ihres Unglückes ihr das gestattete. Und mußte man das nicht hoffen, wenn ihr die Gnade, wenn ihr wieder die Liebe der Menschen wurde? Der Director des Gefängnisses bestätigte ihm, was er selbst fand.

Nach diesem Besuche kehrte er nach Hause zurück; hier angekommen, kleidete er sich in seine Uniform, fuhr zum Schlosse des Landesherrn und ließ sich bei dem Monarchen zu einer Audienz melden; er wurde aber nicht angenommen. Der Landesherr habe keine Zeit, hieß es; wenn der Rath etwas vorzutragen habe, möge er es schriftlich einreichen. Der Regent des Landes konnte den Mann nicht empfangen, dessen Sohn der Wechselfälschung schuldig, dessen Tochter eines in den höchsten Cirkeln der Residenz verübten Diebstahls bezichtigt, der selbst als ein Gottesleugner bekannt war.

Der Rath fuhr nach Hause zurück und schrieb den ganzen Tag. Er sandte das Schreiben an den Präsidenten des Gerichts. Es enthielt ein Begnadigungsgesuch an den Monarchen für die zum Tode verurtheilte Vatermörderin. Er bat den Präsidenten, es mit einem befürwortenden Berichte dem Monarchen zu überreichen. Er hatte den Landesherrn darin beschworen, die Verurtheilte zu begnadigen, und alle Gründe, die dafür sprachen, auseinandergesetzt; er hatte offen ausgesprochen, daß er nach seinem Verständnisse des im Lande geltenden Gesetzes nicht anders als für den Tod habe stimmen können, daß er aber jetzt erkenne, es gebe ein höheres Recht, als das des von Menschen geschriebenen Gesetzes, das Recht einer sittlich menschlichen Gerechtigkeit, und daß es das schönste Vorrecht des Staatsoberhauptes, das edelste Juwel in der Fürstenkrone sei, dieses erhabenste Recht zur Geltung zu bringen.

Der Präsident antwortete ihm umgehend, daß er sofort die Bittschrift befürwortend dem Regenten überreicht habe.

Aber eine Veränderung war auch seitdem mit dem Rathe nicht vorgegangen; wenigstens war sie äußerlich nicht wahrzunehmen. Nur verließ er von da an fast das Bette der Kranken nicht, und es war sonderbar anzusehen, wie er mit dem so kalten und harten Gesichte unbeweglich da saß und jeder Bewegung der irrsinnigen Kranken folgte und jedem ihrer Athemzüge lauschte.

So hatte er drei Tage gesessen und acht Tage waren seit dem Irrsinne, seit der Krankheit der Tochter vergangen. Er saß an dem Bette, unbeweglich, äußerlich kalt, wie immer, Auge und Ohr auf jede Bewegung, auf jeden Laut der Kranken gerichtet. Hinter ihm stand der Schreiber Bernhard. Der alte Mann hatte die Augen voll Thränen. Er konnte den Blick nicht zu der Leidenden, der körperlich und geistig Leidenden wenden, und doch zog jede ihrer Bewegungen, jeder ihrer Athemzüge die nassen Augen unwiderstehlich auf sich. Dann mußte er wieder den Vater anblicken, der so unbeweglich, so unempfindlich dasitzen konnte.

„Könnte er nur einmal sein Herz zu Gott wenden! Herr im Himmel, kannst

Du es denn nicht zu Dir wenden? Warum lässest Du ihn so hart bleiben, warum lässest Du Dich ihm unerkannt in dem tiefsten Elende, in der entsetzlichsten Angst, in dem qualvollsten Jammer, die ein Menschenherz ertragen kann? Soll denn nichts diesen Menschen zu Dir erheben können?"

Da wurde leise an die Thür geklopft, der alte Bernhard ging hin und öffnete sie und nahm von dem alten Diener des Raths ein Schreiben, das er dem Rath überreichte.

Der Rath Rohner öffnete es; er las es. Die Muskeln seines bleichen Gesichtes zitterten. In seinen Händen flog das Papier. Der Präsident des Gerichts benachrichtigte ihn, daß der Monarch die Vatermörderin begnadigt habe.

„Gott im Himmel!" rief er.

Er rief es laut, tief, tief aufathmend, aus dem untersten Grunde seines Herzens heraus.

Der alte Bernhard fiel auf die Kniee.

„Herr des Himmels, Du wirst gnädig in ihm! Sei gepriesen, sei gedankt. O, laß ihn ganz Dich erkennen."

Aber der alte Mann mußte wieder aufspringen. Die Kranke machte eine Bewegung, eine lebhafte, aber nicht heftige. Dann richtete sie sich auf, ebenfalls nicht heftig, vielmehr langsam, wie sich besinnend. Sie hatte das seit dem Beginn ihrer Krankheit noch nicht gethan.

Der Rath und der alte Bernhard sahen sie aufmerksam, überrascht, dann ängstlich an. Sie blickte um sich, nicht wild oder stier wie bisher. Das Auge war klar, der Blick ruhig, nachsinnend, milde. Der alte Bernhard mußte sich abwenden, um seine hervorstürzenden Thränen nicht zu zeigen. Der Rath aber erkannte, daß dieser Blick wieder Klarheit des Geistes, wieder Bewußtsein zeige. Der Wahnsinn war gewichen. Ein Schauer durchfuhr den Vater.

„Antonie!" sagte er mild.

Weiter konnte er kein Wort sprechen.

Der Wahnsinn war gebrochen, die Helle des Geistes war zurückgekehrt. Aber damit war ein furchtbarer Augenblick der Entscheidung gekommen. Stand der Vater vor einer Verbrecherin?

Da erhob die Tochter ihre Stimme, klar, ruhig und sanft, wie ihr Auge war.

„Vater, sieh mich an!"

Er blickte schweigend an.

„Vater, kannst Du in mir eine Verbrecherin, eine Diebin finden?"

Sie sprach es so unendlich ruhig, klar und milde; sie sprach es edel.

„Nein, nein, mein Kind!" rief der Vater, und warf sich über sie hin, und umschlang sie mit seinen Armen und weinte über ihr. Dann erhob er sich langsam. Dann beugte er sich wieder nieder. Aber er war in die Kniee gesunken, und hatte die Hände gefaltet. So lag er still am Fußende des Bettes.

„Und Du, mein treuer Bernhard," sagte das unschuldige Kind zu dem alten, treuen Bernhard, „hast Du auch an Deine Toni geglaubt?"

„Gewiß, gewiß!" rief der Greis. „Aber still, er betet!" –

Als einige Wochen nachher die häßliche und eifersüchtige Frau des schönen und galanten Rittmeisters, Baron Richter, ihren Mann ebenfalls in einer Umarmung mit der schönen Gräfin Auguste von Göppingen überraschte, und nun zugleich jene Ueberraschung des Paares auf dem Balle der Regierungspräsidentin bekannt wurde, zweifelte auch die Welt nicht mehr an der Unschuld der edlen Antonie Rohner.

Der Rath Rohner aber hatte schon vorher den Monarchen um seinen Abschied gebeten. Sein Verstand des Richters und sein Herz des Menschen seien in einen Widerstreit gerathen, für dessen Vermittlung zum wahren Gedeihen des Rechtes in seinem vorgerückten Alter ihm der richtige Maßstab fehle.

Einige Wochen später verließ der Rath und seine Tochter die Residenz. Der alte Bernhard folgte ihnen.

www.ingramcontent.com/pod-product-compliance
Lightning Source LLC
Chambersburg PA
CBHW070840290526
45795CB00002B/931